Benesse

マンガでわかる！

小学生が身につけたい！
考えるチカラ

キャラで決まる？ 学校の人間関係

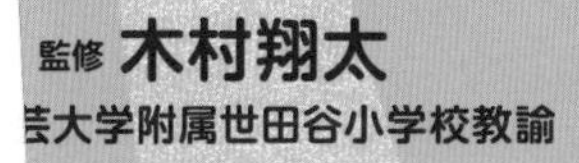

監修 木村翔太
芸大学附属世田谷小学校教諭

サンキュ！ 特別編集

はじめに

学校の「キャラ」について考えてみよう

地球人のことを調べている宇宙人一家が、
日本の小学校にせん入しました。宇宙人の子ども・カミュは、
自分のクラスで、あることにとても興味を持ちました。
それが、学校の中にある「キャラ」です。

みんなは「キャラ」という言葉を聞いたことがある?
「クラスにはいろいろなキャラの子がいるな~」と感じたり、
「あの子ってこんなキャラだよね~」と友だちと話したり

したことはないかな？
それに、みんなはクラスのだれかとだれかの間に、
「見えない力」があるって言ったら信じる？
クラスの中で、なぜかいつもみんなの注目を集めたり、
意見が通りやすかったりする子がいないかな？

その反対に、すごくいいことを言っているのに、
あまりみんなから賛成してもらえない子もいるかもしれない。

「キャラ」や「見えない力」って、よく考えてみるととても深い。
みんなもいっしょに、学校の「キャラ」について考えてみよう！

木村翔太

目次

第2章 大人の世界にも「キャラ」がある？

第3章 クラスに「見えない力」がある？

プロローグ

地球の小学校ってどんなところ？

大丈夫だよ！
パパ、ママ
日本の
小学校のことは
前もって
調べてあるから
ピコーン
これだ！
スカッ
宇宙人・カミュ
こども
マンガ
そろそろ
着陸だぞ！
プシュー!!
スー…

ジャーン！
な、何だその変なかっこうは
地球の日本という地域ではやっている小学生のファッションだよ
二宮金次郎
あら、そうなの？よく勉強してるわねぇ
ママたちも日本スタイルよ
エッへへ！
ブンブンブン
よし、そろそろ調査に出発するか

小学校ってどんな感じかな？
地球の子どもたちがたくさん勉強をしているらしいけれど
みんな、ボクと仲良くしてくれるかな？

給食の時間がいちばん人気だけど、給食ってどんなだろう？
時間だ
ウム！
じゃあ、行ってきまーーす！

登場するキャラクター

カミュ

地球の調査にやってきた宇宙人ファミリーの子ども。コメカミ小学校5年3組に転校し、クラスメートと交流しながら、地球人レポートを書いている。「多くの小学校で人気の服らしい」と二宮金次郎スタイルで登校している。

カミュの父と母

宇宙船に乗ってペポポ星からやってきた宇宙人夫婦。カミュを見守りながら、自分たちも地球の大人の調査をしている。手に入れた資料が古く、昭和ファッションで過ごす。

第1章

「キャラ」ってなんだ？

一人ひとりに「キャラ」があるの？

カミュくん? よろしくっ! いいキャラだね!
〝キャラ〟とは?
?
あ、宇宙人だから〝キャラ〟って言われてもわかんないのかな
えっと、〝キャラ〟っていうのはね、……あれ? 説明難しいな
アカリ
それが何かわからないのに〝キャラ〟っていう言葉を使うのですか?
そうだね…確かに変かも!
ちなみにアカリさんはどんなキャラなんですか?
わたしはみんなに〝元気キャラ〟だって言われるかな
イエーイ
確かにアカリさんは元気な感じがしますね!
むむむ、これはおもしろいレポートができそうですね
わくわく
では、これから自己しょうかいする人たちのキャラについて教えてもらえますか?
OK!!
Go〜

5年3組の仲間たち

キャラしょうかい

では、アカリさん、それぞれのキャラについて、解説をお願いします

オッケー！ 任せて。うちのクラスの場合はね…

おう、よろしくな

リキは **オレ様** キャラ かな

みんな よろしくねーっ！

わたし、アカリは **元気** キャラ かな

どうぞよろしく お願いします

モモは **まじめ** キャラ かな

いろいろ 教えてやるぜ～

ケイタは **おもしろ** キャラ かな

オレを
おこらせるなよ

タクミは
キレ
キャラ かな

みんな
仲良くしてね☆

ヒカリは
アイドル
キャラ かな

みなさん、
いいクラスに
しましょう

しゅみは
ぼんさいです

いっしょに
遊ぼうぜ！

ヒデキは
さわやか
キャラ かな

好きな食べ物は…
好きな動物は…
ペラペラ
ヒナコは
おしゃべり
キャラ かな

家で100種類の
こん虫を飼ってるよ
イエーイ
MUSHI
ヨウは
不思議
キャラ かな

よろしく
トモヤは
不明
かな

これ、最近の
お気に入りの服
なんだ!
LOVELY DAYS
リリは
おしゃれ
キャラ かな

あの…よろしく
お願いします
リオは
おとなしい
キャラ かな

算数が好きです
ええ、ハイ
リクヤは
ガリ勉
キャラ かな

あらやだ、
みんなよろしく
お願いねぇ

シホは
お母さん
キャラ かな

ゲーム好きな人、
話しましょう

知りたがり
空気を読まない
（実は宇宙人）

カミュは
宇宙人
キャラ かも

気が向いたら
声をかけて
くださ〜い

ユウカは
お姉さん
キャラ かな

どう？
〝キャラ〟って
どういうものか
わかった？
うーーん
いえ、
まだわからない
ことが多いです
たとえば？
たとえば、
シュウゴくん
彼はゲームオタク
ですよね？
うんうん
じゃあ
〝オタク〟といえば
いいのでは？
なぜわざわざ
〝オタクキャラ〟
というのでしょう
確かに！
でも、シホは
〝お母さんキャラ〟
だけど、
実際に
〝お母さん〟
ではないよね
確かに！
むむむ…

〝キャラ〟っていうのはとても興味深いです
これは帰ったらすぐにレポートに…
うっかり、レポートのことを話してしまった…
どうしよう…気づいちゃったかな?
レポート?
あわわわ、何でもないです!
ピュ
また、わからないことがあったら教えてくださいでは!
地球人のこと調べてるのかな? がんばってね~

ふう
いや〜、
危うく初日から
宇宙人だということが
ばれるところだった
しかし、
今日はいい情報を
ゲットできた
キャラ とは

"キャラ"
これは興味深い
明日からくわしく
調査をしなくては！

地球人レポート①

報告者	カミュ	インタビューした人
報告日	地球年20××年 6月7日	5年3組 アカリさん
場所	地球　日本　コメカミ小学校	
目的	地球人の子どもの実態を調査	元気キャラ

「キャラ」というものがあるらしい

調べたところ、「キャラ」という言葉は、
「キャラクター」という言葉から来ているそうだ。
「アニメのキャラクター」というときと同じ意味なのだろうか。
でも、少しちがう気もする。
具体的には、

まじめキャラ

おっちょこちょいキャラ

さわやかキャラ

つっこみキャラ

など　いろいろあるらしい。

まとめ

「あの子は“まじめ”」というときと、
「あの子は“まじめキャラ”」というときは、何がちがうのだろう。
ペポポ星にはない、がい念（考え）だ。
なんのためにそれがあるのか、それに**どんな効果があるのか**。
「キャラ」が何なのかよくわからないので、
これからそれについて考えていこうと思う。

「キャラ」って人からつけられるもの？

なるほど、アカリさんが言っていた通り、セレナさんは〝優等生キャラ〟ですね。
ピー
…それにしてもなぜふつうに〝優等生〟ではなく〝優等生キャラ〟なんでしょうか…
ちょっとよろしいですか？
いいよ。カミユくんどうしたの？
セレナさん〝優等生キャラ〟なんですか？
え？ わたし、〝優等生キャラ〟なの？
自分ではそんなつもりないけど
ピー！
！
新・発・見！！
ガリガリガリガリ
〝キャラ〟というものは、本人じゃなくて周りの人が決めるものなんですね！

いやはや
他の人が
そう言っているのを
聞いたもので
〝優等生キャラ〟と
言われている
今のお気持ちは？
ス…
マイク？
まぁ、なんとなく
そんな感じに
思われてるのは
わかってたけどね
でも、
〝優等生〟って
別に悪い言葉
じゃないし、
自分のキャラが
決まってるのって
意外と楽かも
楽？
なぜ
楽なんですか？
だって、初めての
クラスに来ると、
自分がどういうふうに
ふるまったらいいか
わかんなくて
ソワソワ
するじゃない？
自分の
好きなように
ふるまったら
いいのでは？
そうなんだけど…
やっぱり周りのことも
気になっちゃうから
〝自分はこの
クラスでは
こういう人なんだ〟
っていうのが決まっていると
その通りにしていれば
いいから、
安心してクラスに
いられるんだよね

「キャラ」があると自分を出しやすい？

新しいクラス

どうふるまったらいいのかな…落ち着かない

「キャラ」ができると

自分は自分の「キャラ」でいればいい。安心　居心地がいい

「キャラ」が決まっていると、新しい場所でも「どんな自分でいたらいいの？」ってなやまなくてもいいんですね

体育
わっ
とっ
はっ
ごめーん、だれか手伝ってー？
じーー…
わたし？
もっと近くにいる子がいるのに…
モネ手伝うよ。半分ちょうだい
パアァ
ありがとう、セレナちゃん

学級会
それではクラス委員を決めたいと思います
だれかやってくれる人いますか?
じーっ
まただ…
だれか立候補してくれるといいんですが…
バンッ
みんな、なんでわたしの方を見るの?
わたしがクラス委員をやらなきゃいけないの?

あら、そんなつもりなかったのよ
ごめん、ただセレナちゃんがやってくれたらうれしいなって
だってセレナこういうのやりそうじゃん
おい、セレナキャラほうかいするで～
〝キャラ〟？
わたしがそういう〝キャラ〟だからしなくちゃいけないの？
わたしだってサボりたい時もあるし、だれかに任せたい時だってあるんだよ
立候補はだれでもいいですよ
ハイ
もし他にいなければ、わたしやります
パチパチパチ

ザワ…
あの状きょうでふつう行く？
空気読めって
セレナさーん！もう1回インタビューよろしいですかー？
ドドドド
うわ！なにカミュくん
さっきのセレナさんの発言は、非常に興味深かったです！
〝キャラ〟って言ってましたよね!?
わたしの考えすぎなのかなぁ
何かちょっと大変なことやめんどうくさいことをみんながわたしにやらせようとしてる気がするんだ
それはセレナさんが〝優等生キャラ〟だからですかね？
きっとそうなんだろうね
わたし〝優等生〟でいなきゃいけないのかな？
〝キャラ〟って役割みたい
ドラマや映画みたいにそういう人を演じなきゃいけないって感じ
イヤなことならしなくていいのでは？
感じちゃうんだよね。〝優等生のセレナでいてほしい！〟っていう周りからの期待とかプレッシャーとか

決められた「キャラ」を演じなきゃいけない？

いつも決められた「キャラ」ばかりを求められると、ちがう自分を出せなくなって、きゅうくつに感じることもあるんですね

地球人レポート②

報告者	カミュ
報告日	地球年20××年 6月14日
場所	地球　日本　コメカミ小学校
目的	地球人の子どもの実態を調査 キャラについてくわしく調べる

インタビューした人

5年3組 セレナさん

優等生キャラ

キャラと役割

「キャラ」についていくつか考えたことがある。
まず、「キャラ」は「あの子は○○“キャラ”だ!」というように
人から決められたりするものだということ。
そういえば、アカリさんもみんなの自己しょうかいを見て、
「あの子は“○○キャラ”かな」と言っていた。

そして、新しいクラスになったときなど、
自分がどう行動していいのかわからないような場合でも、
「キャラ」が自分の行動を決めてくれることもあるので、
あれこれ心配せずに集団の中で過ごすことができるのだ。

まとめ

しかし、「キャラ」とは「この人はこういう行動をするはず」や「あの人には
こういう人でいてほしい」という、
まわりからの願いや期待をこめられた役割のようなもの。
なので、本人はそうしたくなくても、その役割を外れないために演技を
しなければいけないと感じてしまうこともあるようだ。

「キャラ」は自分でつくるもの？

あのさ、このTシャツ親が買ってきたんだけど変じゃない?
ねぎま
うぉい!何やねんその服!焼き鳥がらの服なんてどこで買うてん!?
どっ
それイジってよかったの?ずっと笑うのガマンしてたんだけど
うん、どんどんイジって!
ぼく"イジられキャラ"だから!
その後
トモヤが教科書におんでー
いやーハハハ
なにそれブタ??うしだよっ
アハハハ
うぉーいどんくさトモヤー

フム…
ちょっと インタビュー よろしいですか？
ずいっ
う、うん
トモヤくんは イジられキャラ なんですか？
そうだよ！
友だちができなくて 困ってたけど、 〝イジられキャラです〟って 自分で言ってからは、 友だちが たくさんできたんだ！
ピーーン
キャラがあると、 みんなも 〝こういうふうに 接すればいいんだ〟と わかって 関わりやすくなる
つまりキャラは 自分を周りの人に しょうかいして つなぐための手段 になるのですね！

「キャラ」があると人とつながりやすい?

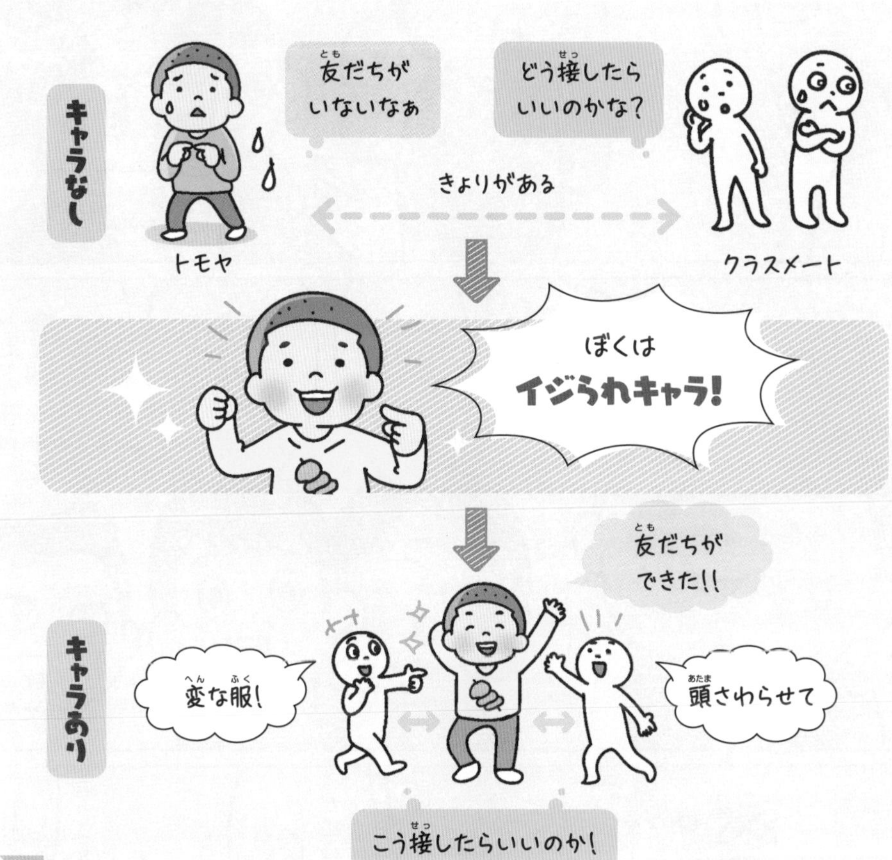

どんな人か、どう接すればいいのかわからなかったのが、**「キャラ」ができると話しかけやすくなる**こともあるんですね

えーっと、鹿児島県ではとり肉をたくさん作っています
トモヤくん、くわしいですね！
トモヤさすが焼き鳥にだけはくわしいな
トモヤ、ネギはどこで作ってんの？
それ、ねぎまじゃん
どっ
アハハ
むむ…
どうしたんだろう
ス…

トモヤくん元気がなさそうですけどどうしました?
イジられるのが、ちょっとイヤになっちゃって…
〝イジられキャラ〟なのに、ですか?
ぼくだって、いつもいつもイジられるのはイヤだよ!
さっき、ぼく真剣に発表してたんだよ
でも、トモヤくんはそれで友だちができたって喜んでいましたよね?
だから、周りの人もそうしていいんだって思っているのでは?

確かにそうなんだけど…
やっぱりぼくもイジられてもいい時と、そうじゃない時があるんだ

キャラって、**一度はるとはがせないシール**みたいだな…

「キャラ」にはメリットとデメリットがある？

「キャラ」は、人に関わるきっかけになるけど、**一度決められた「キャラ」を変えるのは難しい**という面もあるんですね

地球人レポート③

報告者	カミュ	インタビューした人
報告日	地球年20××年 6月21日	5年3組 トモヤくん
場所	地球　日本　コメカミ小学校	
目的	地球人の子どもの実態を調査 キャラについてくわしく調べる	イジられキャラ

キャラとラベリング

「キャラ」というのはどうやら人からあたえられるだけでなく、
自分でアピールすることもあるようだ。
「自分は“〇〇キャラ”だ」ということは、
つまり「みんな、自分にはこう接してね」と伝えるということ。
それによって、自分と周りをつなぐことができる。

ぼくはイジられキャラ

でも、困ることもあるようだ。
それは、自分がそう接してほしくないときにも、
ずっと同じように接してこられるから、つかれてしまったり、
いやになってしまったりすること。

まとめ

調べてみると、**「ラベリング」**という言葉があるらしい。
人にステッカー（食べ物などの商品にはられているシール）をはるように、
「この人はこうだ」と**決めつけて接する**こと。
「キャラ」は一度決まるとなかなかはがせない
ラベルのようだ。

ぶどう
FRESH JUICE

「キャラ」って個性なの？

おーい
カミユくん
何してるの
かな？
ゲンゾウ
お、
ゲンゾウさん
〝キャラ〟のことを
調べてまして
きみ、
〝アニオタ〟かね？
アニオタ
＝
（アニメオタク）
いえいえ
そのキャラでは
なくて
えっと、
ゲンゾウさんが
〝おっさんキャラ〟
とか、
そういう意味の…
はっはっは
そうか、ぼくは
おっさんみたいだって
よく言われるからなぁ
いろんな
キャラの子がいて
個性豊かな
クラスだよなぁ
確かにみんな
それぞれキャラが
ちがっていて
個性豊かですね
でもキャラって、
かぶることも
あるのう
かぶる？

同じキャラになっちゃうってことだよ
ケイタっているだろう
自分からいろいろおもしろいボケをしてみんなを笑わせたりしてるけど、去年はミクムみたいに〝つっこみキャラ〟だったんだよ
どうしてキャラが変わったんですか？
キャラがかぶったからだよ
ミクムも〝つっこみキャラ〟だからのう
〝つっこみキャラ〟が二人いてもいいのでは？
例えばクラス劇の中で赤ずきんちゃん役の子が二人いたら変だろう？
だからケイタは遠りょしたんじゃないかな
そうでした！キャラは役割のようなものでしたね！

「キャラ」はかぶっちゃダメなの？

「お笑い」、「仕切り」、
「アイドル」などのキャラは
だいたいどのクラスにも
その席がある

人気のキャラや目立つ
キャラは取り合いになる
ことも…

他の人に取られたら、
ちがうキャラになって
落ち着くこともある

「キャラ」がかぶるといす取りゲームのようになって、どちらかがちがう「キャラ」を探さないといけなくなることがあるんですね

こういうことですか？

最初からクラスに決まったポジションのようなキャラがあるとすると…
それって個性なんでしょうか?
確かに、個性ってその人が持っているものだから、最初から用意されてるとしたらおかしいなぁ
うーん
そうですよね
〝つっこみキャラ〟から〝おもしろキャラ〟に変わったりして…個性ってそんなにコロコロ変わるんでしょうか?
そういえば、ぼく、前にヒデキみたいに〝さわやかキャラ〟にキャラ変しようとしたんだけど、無理だったよ
どうして無理だったんですか?
昨日までおっさんだったぼくが、急に〝さわやか〟になったらみんなびっくりするだろう?
おっさん
オッハー
その空気にたえられなくなって結局元にもどしちゃったんだ
ざわ……
ざわ……
うっ
確かにゲンゾウさんがいきなりさわやかになったら変なものでも食べたんじゃないかと心配しちゃいますね

ところが、〝キャラ変〟に成功した子もいるぞ
なんとっ!?
くわしく教えてください!
リリっているだろう?
あ、〝おしゃれキャラ〟の?
LOVELY DAYS
そういうイメージだろう
でもあの子、去年まではすごく地味なキャラだったんだよ
去年
今年
IMO
すごくおとなしかったし
ほー!キャラは変えることができるんですね!
では、どうしてゲンゾウさんのキャラ変は失敗して、リリさんのキャラ変は成功したんですか?
ぐぅっ
失敗

それはきっとタイミングだ
リリがキャラ変したのはクラス替えの時
クラスが替わったから、スムーズにキャラ変できたんだよ
キャラはある集団の中だけのものなのか!
そうか、だから学校とじゅくで、キャラがちがう子がいたりするんだのう
やはりキャラとは集団の中の役割だったり、本当はいやだけどそれを演じていたりするもの
ガリガリ
フム…
そう考えると…
キャラって個性ではないですね!
ピーン

「キャラ」を変こうするのは大変？

ゲンゾウの場合

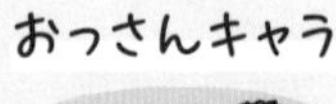

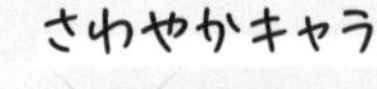

同じ集団

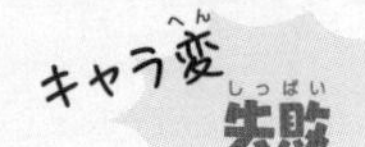

みんなにわかりにくいみたいで…

キャラ変失敗

リリの場合

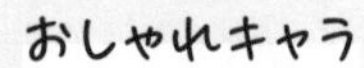

りりって
地味だよね〜

集団が変わる

りりってこういう
人なんだ〜

キャラ変成功

自分の「キャラ」を変えたいと思っても、周りの人との関係性があるから、タイミングが大事なんですね

地球人レポート④

報告者	カミュ	インタビューした人
報告日	地球年20××年 6月28日	5年3組 ゲンゾウくん
場所	地球　日本　コメカミ小学校	
目的	地球人の子どもの実態を調査 キャラについてくわしく調べる	おっさんキャラ

「キャラ」は個性ではない

「キャラ」というものは、「**個性**」のようなものだと考えていた。
一人ひとりちがって、その人の特ちょうを表しているからだ。
「個性」が同じ人なんていないし、
その人がもともと持っているもので、
無理に変えたりすることはできないはず。

それなのに、「キャラ」は**他の人とかぶったり**、
まわりの人たちによって**変えられたりする**。

そして、「キャラ」は、そのとき自分が入っている集団の中でだけ決まっているもので、集団が変われば切りかえることができる。

まとめ

やはり、「キャラ」は**個性ではなく**、
劇やドラマの中の**役のようなもの**なのだ！

カミユ、
地球人の調査は
順調か？
すごく
おもしろいことが
わかってきたよ
それは
たのもしいな
ちゃんとレポートに
まとめておくんだぞ
今日から
7月ね
どうやら地球の
小学校は8月は
お休みみたいね
7/1
うん！
そして9月から
また
始まるんだよね
じゃあ
いってきます！
ミーン
ミーン
ミーン
ミー！
なんか外が
うるさいぞ
こんな音、
今まで
聞いたことない
頭がガンガン
してくる……
ミー！
ミー！
ミー！

なんだこれは！
もしかして
この虫が
あんな大音量を
出しているのか…
でも
こうして道で
ひっくり返って
いるのは
かわいそうだな
どこかに
うめてあげる
とするか…
ス…
ジ…
ジジジジ
うわー!!
どうしたの
カミュ？
うわあああああ

なんだ
あの生き物は…
うるさいし、
人を
おどろかすし…
ブルブル
セミと
いうのか…
7月から
9月くらいまで
いるのか…
ずかん
・・・・・・
あ、あの
パパ、ママ
家で研究
したいことが
あるから、
今日から学校は
お休みするよ
そして
夏休みの後の9月も
お休みすることに
するからよろしく
また
10月から
行くね
わはは！
研究熱心な息子だな
感心感心
じゃあ
学校に連らく
しなくっちゃ
ホホホ

第2章

大人の世界にも「キャラ」がある？

大人の世界をのぞいてみたら？

そういえば
カミュが
〝キャラ〟がどうとか
言っていたな
この大人の
人間たちにも
キャラってのが
あるんだろうか
新発売
じーー
ピカ
よし！
まずは
この人間たちを
調査してみるか
もし、
そこのお方
ここに映っている
人間はだれですか？
え？
う、
宇宙人だ！
あ、その人は、
お笑い芸人の
ジメさんですね
ありがとう
ぺこり
地球人は
親切だな
でも、ワタシが
宇宙人だと
いうことには
気づいて
いないようだな
ボソッ
がんばれ
宇宙人

芸人はいつもノリがいい?

テレビではおもしろい人だったな
ふだんはどうか見てみよう
あんぱん
そうだ、母の日のプレゼントを買いに行こうかな
あれ、浦浜ジメじゃない?
ほんとだジメだ!
うーん せっかくの休日なのに…リラックスできないな
おい、ジメ! なんかおもしろいことやれ!
いつものギャグやってよー
すみません ちょっと急いでいるのでごめんなさい
えー意外とノリ悪いやつだな
こいつ、ニセモノなんじゃないの
……

ジメの本音

テレビでは明るくて**おもしろいキャラ**だけど、ふだんの自分はどちらかというと大人しくて**まじめな性格**。

テレビにいっしょに出ている人たちがツッコんでくるのは、自分がそういうキャラでテレビに出ているのだからOK。

でも、テレビじゃないときに街でいきなりツッコまれたり、テレビの中のキャラになるように言われたりするのは、はっきり言って気分が悪い。**外では、ただのふつうの人**。いきなりかたを組んだり呼び捨てにしてくることも失礼だと思う。

実際はテレビでツッコんでくる人たちだって、カメラが止まったらきちんとていねいに接してくれる。

地球人観察メモ①

観察者	カミュの父	日時	地球年20××年6月15日

考察

●テレビに出ている人は、
テレビの中で**「キャラ」を演じている。**

●テレビで見ているジメを街で見かけたとしても、それはテレビのキャラとしての「ジメ」ではなく、「浦浜ジメさん」という個人。

●**「キャラ」はその場やその集団の人たち限定の関わり方**だから、それ以外の場所やその集団以外の人たちが同じように関わるのはまちがい。

ふつうにしているとキャラほうかい？

こちら
からあげ弁当です。
お待たせしました
おべんとう
あれ、これ
ハンバーグ弁当じゃ
ないか
ガサ…
お店に言って
取りかえて
もらうか
あ、
すみません
すぐ作り直し
ますので
いえ、
大丈夫です
気にしないで
ください
あれ、
いつもネットで
おこってる人だよね
え？
めっちゃ
優しくない？
ヒソ
全然キャラ
ちがうんだけど…
おもしろいから
動画とっておこう
ヒソ
んん～
おーい！
弁当屋！
どうなってんの？
どうやったら
ハンバーグと
からあげ
まちがえるの？
ありえないん
ですけどー！
ひいい
ごめんなさい…
急ぎますから
おお！
やっぱり
いつもの
ヤカンだ
本当に
おこってるー
ネットと
いっしょだぁ

ヤカンの本音

世の中のいろいろなニュースに対しておこる動画を配信しているから仕方ないけど、**実際は心からおこっていないときがほとんど**。

そんなにおこることなんてないよね。
でも、おこるキャラでやってるから、毎回その**キャラをつくって自分を変えてる**んだ。

今回もお弁当屋さんには、ひどいことをしてしまった…。周りで動画をとる高校生がいたから、いつものおこるキャラになるしかなかったんだよな。
本当は全然おこってなかったのに。

地球人観察メモ②

観察者	カミュの父	日時	地球年20××年7月15日

考察

- 動画で人の注目を集めるために、みんなにとってわかりやすい**「キャラ」をつくっている**ことがある。

- その「キャラ」は、その人の**元々の性格と同じとは限らない**。しかし、本人は周りの人の期待に応えて、その「キャラ」を演じなきゃいけないと感じてしまうこともある。

- **個性とはちがい**、「キャラ」は自分が好きなようにつくることができる。ただし、その「キャラ」は簡単には変えにくく、急に変えると周りの人もびっくりする。

アイドルはファンのあこがれでいるべき？

わたしもあんなふうになりたい
このリップ買お～
新発売
ほほう、アイドルのふだんの生活はどうなんだろうか
透視モード！
ビーーン
ビーー
あー、だるーい…おふろも歯みがきもめんどくせー
ライのリップはこれ！
新発売
はあ…
おやおや？

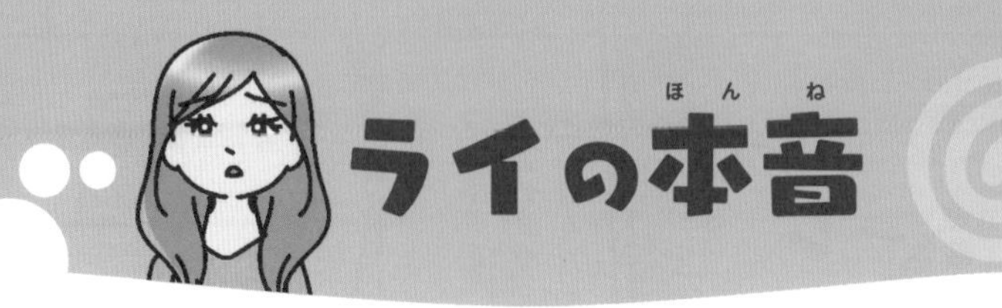

ライの本音

みんなは、わたしのことをいつだってキラキラしたアイドルだと思ってるかもしれないけど、実際は全然そんなタイプじゃないんだよね。

そう、**アイドルだって１つのキャラ**。
わたしはアイドルになりたくて、キラキラキャラを演じ始めたけれど、だんだんめんどうになってきちゃった。

もっと本音で自分の思ったことを話したり、もっと自然な態度で過ごしたりしたい。

でも、**そんな姿をみんな求めてない**んだろうし、そんな姿を見たらみんなもう応えんしてくれなくなるんだろうな。だから、わたしはアイドルというキャラのおりの中で生活してる。

アイドルの仕事は好きだけど、本当の自分とはちがうから、演じるのにつかれてきちゃった…

ふむふむ、なるほど。根は暗いタイプのおじょうさんのようですな

地球人観察メモ③

観察者	カミュの父	日時	地球年20××年8月15日

名前 音白ライ（ねはくらい）	仕事 アイドル
	特ちょう テレビ（つくった顔） キラキラキャラ 暗い 本当（素の顔）

考察

- みんなの前に立つアイドルも1つの「キャラ」。みんなの前ではアイドルというキラキラした**「キャラ」を演じている**。

- 最初は自分がやりたくて演じてた「キャラ」でも、そのうち自分でイヤになることもある。でも、周りの人は一人の人間としてではなく、**アイドルとしてのその人を見たい**と思っている。

- **「キャラ」は自分と周りをつなぐもの**だが、周りの期待を大きく感じすぎてしまうと、自分がその「キャラ」から出られなくなってしまい、「キャラ」のおりの中で**きゅうくつな思いを**してしまう。

ガタン
ゴトン
3人とも
自分でつくった
キャラと
素の自分とのちがいに
困っていたな
素
まじめ
おふざけキャラ
おだやか
激オコ
キャラ
暗い
キラキラ
キャラ
子どもだけでは
なかった
大人にも
キャラはある
キャラは
人間社会において
役割や仕事でも
ある
人間関係を
つくる上でも
大切なものだ
しかしキャラが
本来の自分と
ちがえば
ちがうほど、
のちのち
苦しむことになる
キャラとは
やっかいなものだな
ハラ
ハラ
どうした、
宇宙人
地球で何か
あったの〜?

第3章

クラスに「見えない力」がある？

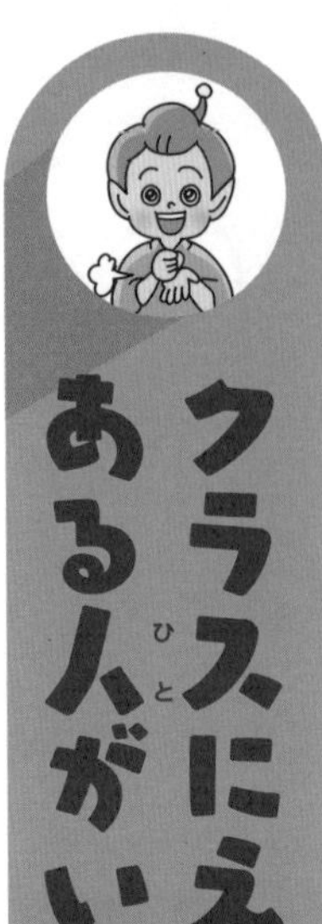

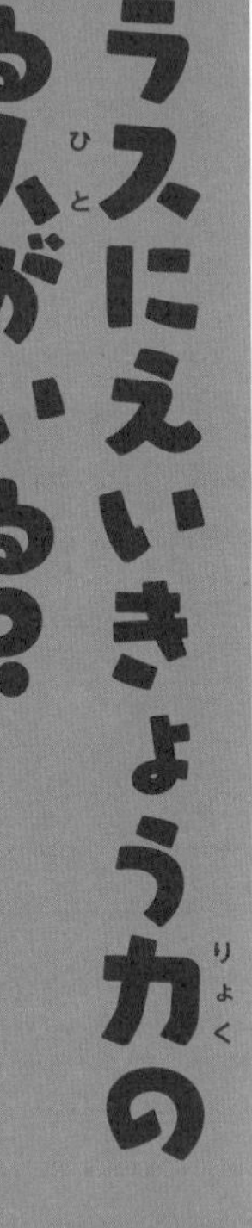

クラスにえいきょう力のある人がいる？

今日からカミュくんももどってきたことだしコメカミ祭りの出し物を決めましょう！
先生、コメカミ祭りとはなんですか？
コメカミ祭りは各クラスで出し物を決めて学校のみんながいろいろなクラスを回って楽しむイベントだよ
それは興味深いですね！出し物はどうやって決めるんですか？
先生が決めたり、生徒のだれかが決めたりするんじゃなくて、クラス全員で話し合うんだよ
すばらしい！それはとても民主的ですね！
ピカーン
コメカミ祭りの出し物について、意見はありますか？
どんどん気軽に意見を出しましょう
モモ

お店屋さんは
どうかな？
班で折り紙を
作ったり、
絵をかいたりして
プレゼントするのは
クスクス
おいおい、
オレら5年生やで！
低学年ちゃうぞ～
どっ
ミクム
あの…
リオ
みんなで劇とか
どうかな…
おっ
ほう
えー
劇～？
チラ…
ねえ～
あ、
やっぱり
今のなしで
？

みなさん、迷路なんてどうでしょう?
段ボールをたくさん集めて教室内に迷路を作るのです
ほー
楽しそうだね
いいかも…
リクヤ
ないわー
ないない
リキ
お化け屋敷なんてどうかな?
ボソッ
お!それいいじゃん!
ヒカリ
いいねそれ!さすがヒカリ!
ワイワイ
めっちゃ楽しそうやん!
ヒナコ
お店屋さん
迷路
お化け屋敷
カツ
カツ

じゃあ、劇は取り下げられたのでお店屋さん、迷路、お化け屋敷の3つで多数決を採ります
バッ
モモさん！
ボク、リオさんの劇がいいと思ったのですが！
ざわっ
では一応、4つで多数決を採ります
ボクは劇がいいんですが、これは迷路に決まりですかね
うーん、どうかしらねぇ
シホ
ではお店屋さんがいいと思う人
クスクス
?
どうしてみんな笑ってるんですか？一人一票だから、どれに手をあげてもいいんですよね？
うん、そうねそうなんだけどね

では、劇がいいと思う人
はーい!!
あれ?リオさんあげないいんですかー
あ、わたしは意見変わったから…
なるほど、もっといいなと思う意見を他の人が出してくれたということですね!
……
劇
あぁ、これは迷路で決まりですかねぇ
では、迷路がいいと思う人
バッ
バッ
?
シホさん、今あの2人一回手をあげたのに下げませんでしたか?
あー…
最近多いのよねぇこういうこと
?

では
お化け屋敷が
いいと思う人
これしか
ないやろ！
ハイ
ハイ
ハイ
ハイ
5年3組の
出し物は
お化け屋敷に
決定です
休み時間を
はさんで、
3時間目には
お化け屋敷の
役割を
決めましょう
あれ～
みんなの様子を
見ていると、
確実に
迷路になると
思ったん
ですけどねぇ
なんで
お化け屋敷
になったん
だろう…
？？
空気を
読んだんじゃ
ないかしら
実はね、
二学期が始まった
くらいから
いつもこうなのよ
空気を読む？
ちょっと
くわしく
教えて
ください
サッ
〝空気を読む〟って
はっきり
決まっていたり、
そうしなさいって
言われていたり
するわけでは
ないのに、
なんとなく
みんなが
そうしないと
いけないと
感じてしまうような
ことかしらねぇ
うーん

「空気を読む」って、どういうこと？

たとえば

みんなが悲しんでいるとき

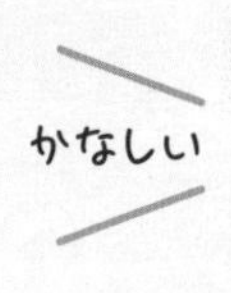

空気を読まない

空気を読む

空気をこわす

合わせる

「こうしなくてはいけない」と決まってはいないけど、同じようにしないといけないと感じ取って**周りに合わせている**んですね

むむむ、でもそれでは納得いきません
どうして?
これはボクの推測なんですが…
さっきの多数決では、迷路を選ぶ人がいちばん多かったような気がするんです
それだとみんな空気を読んで迷路に手をあげるはず
それなのに、アカリさんやセレナさんは一度迷路にあげたのに、周りを見て手を下げたんですよ
バッ
バッ
そして結局お化け屋敷にあげました
ムム…
そう考えると、おかしくないですか?
あらやだ、カミュくんよく見てるわねぇ
それはね、きっと空気っていうのは人数で決まるとは限らないからじゃないかしらね
たった一人が空気を決めてしまうことだってあるのかも…

たった一人が空気を決めることもあるの？

みんながつくった空気も、強いえいきょう力を持った人によって、一気に変えられてしまうこともあるんですね

クラスの空気をつくっているのはだれ？

キャハー
うっせ
見て！
イイネ
カミュくんってば熱心ねぇ
とても興味深いですから！一学期に考えた〝キャラ〟と同じくらい気になります
〝キャラ〟？
そういえばカミュくん、〝陰キャ〟〝陽キャ〟って聞いたことあるかしら？
ありません！〝陰〟と〝陽〟は、「暗い」「明るい」という意味ですね。〝キャ〟とは？
あらやだ、〝キャラ〟の〝キャ〟よ〜
ホホホ
ブン
ブン
うおー‼ まさかここにもキャラが関係しているんですかー⁉
だれが言い出したのかしら最近〝陰キャ〟〝陽キャ〟っていう言葉を聞くのよね

「陰キャ」と「陽キャ」はどう分けられている？

陰キャ 陰気なキャラ

・暗い（おとなしい）
・あまり意見を言わない
・自分のしゅみを追いかける
など

陽キャ 陽気なキャラ

・明るい（うるさい）
・どんどん意見を言う
・流行にびんかん
など

個人のキャラよりも、もっと大ざっぱに分けられたキャラ。

「陰キャ」も「陽キャ」もラベルのようなもの。しかも、これまで見たキャラよりもかなり大ざっぱに分けていますね

ふむふむ、言いたいことはなんとなくわかります
にぎやかな人たちが〝陽キャ〟で、おとなしめの人たちが〝陰キャ〟ってことですね
そうね、そんな感じで分けられてるみたい
でも、前にリクヤくんと算数のことを話したんですが、その時はすごく明るかったですけどね
ここの計算は××で△△でね!!
上辺しか見てないのよ
〝陰キャ〟とか〝陽キャ〟とか言ってる子たちってもう決めつけて言ってる感じよね
確かに、キャラって人からあたえられるラベルシールのようなものですからね！
陰キャ
陽キャ
キーンコーンカーンコーン
では、お化け屋敷の役割を決めたいと思います

はーいはーい、ヒカリはお化けの役決定でええんちゃう?
バッ
なんかユウレイとかって美人のイメージあるし
それ、遠回しにヒカリが美人って言ってるようなもんじゃね?
え〜、ミクムまさか〜?
ヒヒヒ
イヤイヤ、そんなんちゃうて〜
これでお化け役5人のうち一人はヒカリに決定ね
?
まだ決まってないですよね?
だって、あんなふうに言われたら、他の人が手をあげにくいじゃないの〜
ほほー、それが空気ですか!

ここはみんな平等に、なりたい人の中でじゃんけんをして5人決めたいと思います
モモちゃん、一人はヒカリで決定でいいんじゃない？みんな反対しないと思うよー
え、でも…
いいよ、なりたい人みんなでじゃんけんしようよ
ね！
わたしは、ヒカリがユウレイ役にぴったりだと思ったから…
モゴモゴ
ありがとね
では、お化け役になりたい人は、手をあげてください

はーい
ビシーッ
え…、あいつお化けっていうか宇宙人だろ
そもそもお化けって何かわかってんのか？

あれ、
リオさんと
トモヤくん、
あげないん
ですか？
さっき休み時間に、
二人ともお化け
やってみたいって
言ってましたよね？
え？ いや、
やっぱりいいよ
わたしは
ぼく、
看板づくり
やろうかな～って
なんだー、
みんな空気を
読んだんですかー？
ボクは
空気を読まずに
立候補
しちゃいましたけど
ちょいと
カミュくん
シッ！
そういうことは
堂々と言うもんじゃ
ないのよ～！
うっ

そうでしたか！
すみません
みんな、
陽キャのみなさんに
遠りょしてるのかと
思いまして
だめだ
こいつ～
ぷーっ
ガーン
うっ

〝陽キャ〟って、わたしたちのことかな？
遠りょなんてないんちゃう？
だってだれでも手あげてええんやから、平等やで！
ジャンケンポーン
負けた～
ブン
ブン
やりましたー!!
平等ねえ…
カミユくんはこの話し合い、平等だと思う？
ボンッ
!?

空気のせいで平等じゃなくなる？

平等 みんながかたよりなく同じようにあつかわれること。

この話し合いでは、自分が立候補したいと思ったら、だれでも手をあげることができる

差

実際は、一部の人たちに遠りょして、立候補したくても、手をあげにくい人もいる

「陽キャ」の人たちが、「陰キャ」の人たちに**無理やりさせているわけではありません**が、手をあげにくい人もいるんですね

地球人レポート⑤

報告者	カミュ	インタビューした人
報告日	地球年20××年 10月3日	5年3組 シホさん
場所	地球　日本　コメカミ小学校	
目的	地球人の子どもの実態を調査 陽キャ・陰キャについて調べる	お母さんキャラ

見えない力

久しぶりに学校にきてみると、少し様子が変わっていた。
みんなで話し合いをしていても、なんだか意見を言いやすい人たちと、意見を言いにくい人たちに分かれていた。
「陰キャ」「陽キャ」というキャラの分け方があって、
同じクラスメートなのに、クラスの中心にいる人と、そうじゃない人がいる。

「陽キャ」と言われる人たちの意見は通りやすくて、
「陰キャ」と言われる人たちの意見はなかなか通らない。
しかも、陰キャの人たちは陽キャの人たちに遠りょして、意見を変えたりすることもありそうだ。

まとめ

先生や司会の人は、「だれでも意見を言っていい」と言っているけど、
果たしてこれは平等な話し合いなのだろうか？
そこには**空気という目に見えない力**が働いているみたいだ。
どうしてこんな力が働いてしまうんだろう？
もうちょっとくわしく調べてみたい。

みんなの「ホンネ」はどこにある？

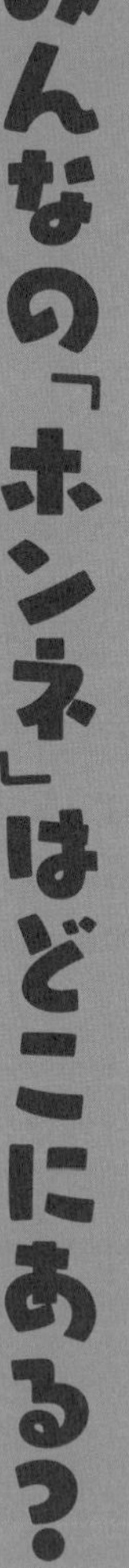

翌日
リクヤくん！ちょっとお時間よろしいでしょうか？
ぬっ
あぁ、カミュくんか 3軍のぼくに何か用？
リクヤくんはスポーツチームにでも入ってるんですか？
いや、ちがうよ ぼくそんなタイプじゃないでしょ
？
3軍っていうのは〝クラスの中の3軍〟っていうことだよ
クラスの中心にいる〝陽キャ〟集団の1軍 クラスではほとんど存在感のないすみっこにいる〝陰キャ〟集団の3軍 そのどちらでもない中間層の2軍に分かれてるんだ
別にだれかにそう言われたわけでもないけどみんなが感じていることさ
1軍
2軍
3軍
そんな分け方もあるのか…
で、3軍のぼくに何の用？
実はそのことなんですけど、5年3組の様子を見ていると、同じクラスメートなのに上下関係があるように思うんです
リクヤくんは自分で3軍って言っていましたけど、それについてどう思っているのか聞かせてほしいんです

みんなどう思ってる？

3軍の人たちにインタビュー

リクヤの本音

ぼくは勉強は好きだけど、あまり目立たないよね。
おもしろいことも言えないし、いつも一人で勉強してるから、みんなぼくのこと「ガリ勉」って思ってるよね。だから、**3軍って言われたとしても、確かにそうだなって自分でも思う**よ。
1軍の人たちは明るくておもしろいし、授業でもたくさん発言していて、クラスを盛り上げているよね。

リクヤくんは3軍の自分を受け入れているんですね

他にも3軍の人はいませんか？

そうだなぁ、別にはっきり決まっているわけじゃないから、ぼくの感想だけど

リオさん、シュウゴくんあたりに聞いてみたらどうかな？

リオの本音

えっと…、うーん、いいよね、ヒカリちゃんたち、キラキラしてて。…あこがれるなぁ。わたしは、みんなの前であんなふうに自分を出したりできないから、うらやましい。クラスの中心っていう感じで、**わたしもあんなふうになれたら学校がもっと楽しいだろうな**。お母さんも家でいつもヒカリちゃんのことほめてるし。実は、こっそりヒカリちゃんの持ってるペンとかマネしたりしてるの。

シュウゴの本音

ちょっとイヤな感じはするよね。
リキたちのグループって、自分たちがえらいと思っていて、ぼくみたいなオタクのことなんて、完全に見下してるんじゃないかな。自分たちがクラスの中心みたいにいつもさわいで、目立つところや楽しいところは、全部あのグループが持っていくんだよな。

みんなどう思ってる？

2軍の人たちにインタビュー

モネの本音

あ、わたしはおっちょこちょいだし、ヒナコちゃんみたいにハキハキしゃべれないからね、**あの子たちが目立っちゃうのは仕方ないんじゃないかな。**
わたしは絵をかくのが好きで、休み時間はそれを楽しんでるし、特に不満とかはないよ。前に一度リリちゃんがわたしの絵を見て“上手”って言ってくれたんだよ。

タクミの本音

はっきり言ってムカつく！ あいつらそんなにえらいのかよ。ミクムもトモヤが何か言うたびにツッコんでるけど、あれって自分が笑いをとることだけ考えていて、トモヤの気持ちなんて考えてないんだ。
そもそも、同じクラスメートの中で上下関係が生まれてるっていうことがおかしいんだよな。

モモの本音

おかしいとは思う。話し合いのときもリリたちの言う通りに進んじゃうし、このあいだなんてリオ、意見を取り下げちゃったよね。
でも、正直、こういうことをはっきり言うと、**自分が3軍にされるんじゃないかってこわいんだ**。今はわたし、たぶん2軍だからふつうに話したりできるけど、あの子たちにきらわれたらきっと…。

みんなどう思ってる？

1軍の人たちにインタビュー

リキの本音

オレ、暗いやつってあんまり好きじゃないんだよな。授業で意見聞かれてるのに、手もあげないし何考えてるかわかんないしさ。意見を言ったとしても自信なさそうだし、なんかつまんないんだよ。ノリが悪いっていうか。だから、オレは気の合うやつといっしょに過ごして、学校生活を楽しんでるんだよ。

ヒカリの本音

え…、1軍？ 何それ？ **クラスに上下関係なんてある？** わたしはそんなこと全然感じてないよ。わたしはだれとでも話すし、みんなそれぞれキャラがあっておもしろいクラスだと思ってるよ。
でも、わたしにそんなつもりはなくても、えらそうだって感じさせちゃってるとしたら、それはよくないから気をつけなきゃね。

おや、ヒカリさんはただ自然にしているだけのようですね

ヒナコの本音

やっぱりわたし1軍だよね？ よかった～。**これでも結構がんばってるんだよ**。ファッションとか歌手とかはやってるもの知っとかないと、みんなと話せないしね。
わたし、前の学年の時は陰キャって言われてたんだけど、今のグループになってから自分がクラスの中心にいるって感じられるから気持ちいいんだよね。
これからも1軍でいたいな。

ふ～む、ヒナコさんはがんばって1軍にしがみついている感じですね

「1軍・2軍・3軍」と「陰キャ・陽キャ」の関係は?

意見をたくさん言って明るい「陽キャ」が「1軍」になっていて、みんなの前であまりしゃべらない「陰キャ」が「3軍」になっていることが多いんですね

地球人レポート⑥

報告者	カミュ	インタビューした人
報告日	地球年20××年 10月12日	5年3組のみなさん
場所	地球　日本　コメカミ小学校	1軍 2軍 3軍
目的	地球人の子どもの実態を調査 陽キャ・陰キャについて調べる	

クラス内の上下関係

クラスに見えない力が働いているのは、
クラス内に**「1 軍」「2 軍」「3 軍」**といった、
上下関係のあるグループがあることが原因のようだ。
それを知ったとき、「1 軍」の人たちが自分たちにだけ居心地のいいクラスを作っていて、よくないことだと思っていた。

しかし、今回いろいろな人にインタビューをしてみて、発見したことがある。
もちろん、「1 軍」の人のことや
この上下関係自体をよく思っていない人もいた。
でも、その反対に「1 軍」にあこがれている人もいるし、
「1 軍」でいるために必死な人もいるということだ。

まとめ

よく考えると、これは「1 軍」の人が「オレたちは1 軍だ。2軍や3軍の人よりもえらい」と言って勝手につくった上下関係ではなく、**自然とできあがったもの**なのだ。
もう少し観察すると、もっと深く見えてくるかもしれない。

スクールカーストってなに？

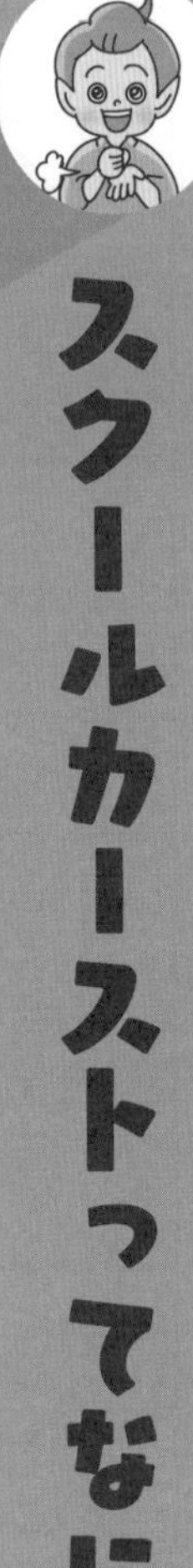

図書室
ヒョコ
おや
めずらしい！
ヒナコさん、
リクヤくんとも
仲良しなんですね
なんだ
カミュくんかぁ
いや、
宿題でわかんない
とこあってさ
リクヤの説明
わかりやすいん
だよ～
休み時間に
図書室で勉強を
がんばる
ヒナコさんも
すごいです！
今日の
帰りの会で
みんなに教え…
ダメっ!!!
絶対やめて
だれにも
言わないで！

翌日
だから ちがうってば!
ヒナコ、最近休み時間に教室にいないと思ったら、リクヤと仲良くなったんだね
否定せんでもええやん
別に悪いことしてるわけやないんやし 休み時間に何しようと個人の自由やで
1週間後
カミユくん気づいてる?
クイッ
ユウカ

最近ヒナコ、休み時間一人で読書してる
前は〝陽キャ〟グループといつもいっしょだったし、あんなにおしゃべりだったのにね
休み時間は自分がしたいことを自由にしたらいいんだから、気にしなくていいのでは？
でも、いったん落ちてしまうとなかなか上に上がれないのがスクールカースト
えー！
降格って…スクールカーストって、固定じゃないんですか？
上がったり下がったりする子もいるみたいよ
だからヒナコ、あんなに無理してしがみついてたのに
インタビューした時、ヒナコさん言っていました
がんばってるって…

スクールカーストは変化するもの？

あこがれの１軍に必死でしがみついていたのに、**ちょっとしたことでそこから外れてしまう**こともあるんですね

ヒナコさんが降格したということは、その反対もあるんですか？
カミュくん、観察があまいよ
ヒナコと反対に最近あのグループといっしょにいる子がいるよね
前は絶対からんでなかったのに
はっ！シュウゴくん
シュウゴ
シュウゴくんは3軍から一気に1軍までしょう格って感じかな
ちょうど1週間くらい前にね
まったく気が付きませんでした！
うぬぬ、さすがユウカさん
なんたる観察力ー!!

1週間前
なあなあ
〝どうぶつハンター〟もうクリアした？
わたし全然ダメ！ボスの〝まぼろしのツチノコ〟がゲットできなくて〜
オレも！
あれ、どうやったらゲットできるんだ〜
ぬっ
あの…〝にじ色の虫とりあみ〟はもうゲットしたの…？
〝まぼろしのツチノコ〟は〝にじ色の虫とりあみ〟がないとゲットできないんだよ
それホントか!?
すごーい！シュウゴって〝どうぶつハンター〟くわしいの？
全種類コンプリートしたよ
一応ゲームオタクだからね
ワイワイ

へぇ〜
そんな簡単な
きっかけで、
彼はしょう格
したんですね
それ以来、
ずっといっしょに
ゲームの話を
してたヨウとは
全然話さなく
なったわ
ヨウ

昨日は
リキといっしょに
ヨウの図工の作品を
笑ってたんだよ
ナニコレー
ギャハハ
でも、前に
インタビューした時、
シュウゴくんは教室で
えらそうにしている
1軍に対して
すごくおこって
たんですよ？
?
人間って、
自分が置かれた
立場が変わると
意見も変わるのかもね
1軍の景色が
気持ちいいんじゃ
ないかしら

結局みんな1軍になりたいの?

自分が1軍じゃないときは**文句を言って**いても、いざ**自分が1軍になると喜んでそこに参加**するようになるんですね

地球人レポート⑦

報告者	カミュ	インタビューした人
報告日	地球年20××年 10月3日	5年3組 ユウカさん
場所	地球　日本　コメカミ小学校	
目的	地球人の子どもの実態を調査 陽キャ・陰キャについて調べる	お姉さんキャラ

スクールカースト内の事情

陽キャが中心になった１軍、陰キャが中心になった３軍、
その間にいる２軍。
その**グループがつくる力の上下関係**のことを
「スクールカースト」と呼ぶらしい。

「スクールカースト」の中では、
自分が下のグループに落ちないように、
上のグループにしがみついている人もいる。
上から下に落ちて悲しむ人や、下から上に上がって喜ぶ人もいる。
だれが決めたわけでもない上下関係の中で、
みんなきんちょうして、**必死でもがいている**ようだ。

まとめ

きっと、みんなにとって、「スクールカースト」の上位であることは、とても重要なことなんだろう。あれ？　**本当に、"みんな"がそうなんだろうか？**
もしかすると"みんな"ではないのかもしれない。調べてみよう。

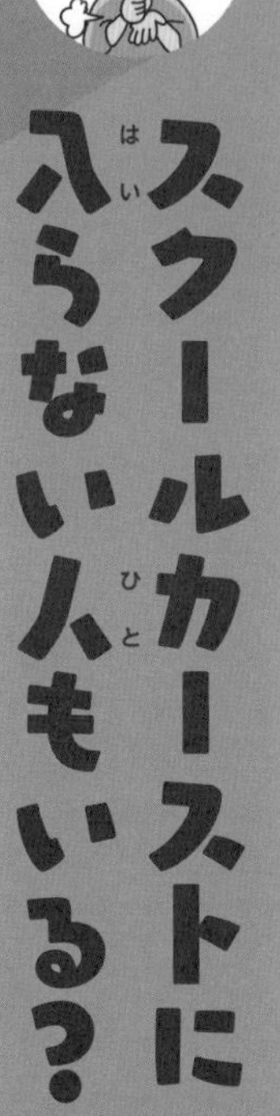

スクールカーストに入らない人もいる？

ところで、スクールカーストについて、いろんな人を観察していると、みんな本当に必死そうなんです
自分が少しでもいいポジションにいたいと思っている感じなんです
ただ…
ただ？
ユウカさんは…必死じゃないですよね？
だからきっとみんなが必死なわけじゃなくてスクールカーストなんて関係なくふつうに学校生活を送っている人もいるんじゃないかと思うのです
それで、今回はわたしがインタビューを受けるの？
はい！ぜひお願いします！

ユウカさんは、なぜスクールカーストに必死じゃないんですか？

ユウカの本音

だって、くだらないもの。

自分が１軍だって思って他の人を下に見ている人もくだらない。自分が３軍だって思って他の人をねたんでいる人もくだらない。

こんな小さい集団の中で、だれが上とかだれが下とか、そんなのどうだっていいんじゃないかしら。そう思うから、そんな上下関係にはわたしは１ミリも関わりたくないわ。

ユウカさんは考えた結果、スクールカーストはくだらないことだと思っているんですね。

ありがとうございました。他にも、スクールカーストに必死じゃない人いますかね？

そうね、ヨウくんとかヒデキくんなんていいんじゃないかしら？

ヨウくんは、なぜスクールカーストに必死じゃないんですか？

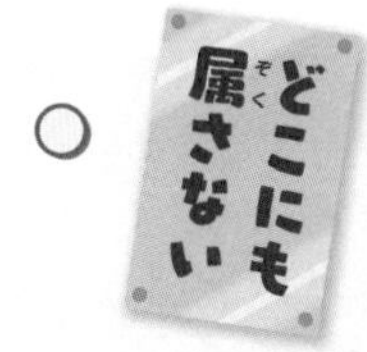

ヨウの本音

スクールカースト？ 何それ？ **そんなことより**カミュくん、ヘラクレスオオカブトって知ってる？ 南アメリカなどに生息している世界最大のカブトムシなんだけど、なんと20センチ近くあるんだよ。信じられる？ はぁ、一度でいいからこの手で持ってみたいなぁ。

ヨウくんはそんなこと気にならないくらい、もっともっと自分が夢中になってのめりこめることがあるんですね。

ヒデキくんは、なぜスクールカーストに必死じゃないんですか？

ヒデキの本音

スクールカーストかぁ。
結構みんな気にしてるよね。ボクはこのクラスにもいっしょに話したり遊んだりする友だちもいるけど、他のところにも友だちがいるんだ。
ボクは、家から少しはなれたラグビーチームに入っていて、毎日そこでいっしょにラグビーをするチームメートのほうが、どちらかというともっと関係が深いかもしれない。
学校だけでなく他にも大切な場所があるから、あんまり自分がどう思われてるとか気にならないのかもね。

ヒデキくんにとっては学校以外にも居場所があるから、学校での上下関係に必死になる必要がない様子ですね。

スクールカーストに必死じゃない人の話を聞いてみたいんですけど、他にだれか心当たりはありませんか？

そうだなぁ。マイなんて話してみたらおもしろいんじゃないかな？

マイさんは、なぜスクールカーストに必死じゃないんですか？

マイの本音

あぁ、あの1軍とか2軍とか、ウワサしてるあれか。
あたしさ、一人でいるのが好きなんだ。
あぁいうのってだいたいグループでまとまってるでしょ？ いつもいっしょにいる仲良しグループとか、あたし無理なんだよね。息苦しくて。人に合わせないといけないじゃん。

それよりも一人でいるほうが気楽だし、好きなように過ごせるからね。もう5年生なんだし、たいていのことは一人でできるから、人とつるむ必要ないもんね。

一人でいるのが好きなマイさんは、そもそも集団の上下関係に入ることがなく、教室でも一人の個人として過ごしているんですね。

「スクールカースト」に入らないためにはどうすればいい?

不安や差別などに負けないように考える

小さな社会の上下関係なんてくだらない

スクールカーストあっていい?

かかわらないぞ!

友だち関係よりも夢中になれるものを見つける

夢中になるものがない

人のことばかり気になる

夢中になるものがある

ちょどいいきより

コミュニティを複数持つ

(コミュニティ…人間関係をつくる場所)

学校が全てじゃない

一人でいられる強さを身につける

だれかといなきゃ不安

作文のテーマ何にする?

同じチームになろう?

一人でも行ける!

あたしはこう思う!

一人でもどうどうと!

いつもだれかといっしょじゃなきゃいられないんじゃなくて、**しっかりとした“自分”を持っている**といいのかな!

地球人レポート⑧

報告者	カミュ	インタビューした人
報告日	地球年20××年 10月30日	ユウカさん、ヨウくん、ヒデキくん、マイさん
場所	地球　日本　コメカミ小学校	
目的	地球人の子どもの実態を調査 スクールカーストに 入らなかった人を調べる	

スクールカーストに入らない生き方

今回は、「スクールカースト」に入らないで生きている人たちに話を聞いてみた。すると、**人と人との間の上下関係をよくない**と自分でしっかり考えていたり、**友だちといっしょにいなくてもきちんと自分でいられる**ような人たちは、「スクールカースト」になやまされていなかった。

人間関係以外に何か**夢中になれるしゅみを持っていたり、**
学校の外にも人間関係をつくっていたりする人たちには、学校が全てではないため、「スクールカースト」になやまされていなかった。

まとめ

どうして「スクールカースト」ができているのか、
そのナゾにせまるための大きな収かくだ。
でも、おたがいにどう思っているのか、**みんなで意見交かんしないとわからないこともあるのかもしれない。**
地球での調査もそろそろ終わりだ。どうしよう…。

そろそろ地球での調査期間も終わりだな
カミュ、小学校の〝キャラ〟についての調査はどうだ？
いろいろとわかってきたよ
でも、あとちょっとふみこんで調べてみたいことがあるんだ
お父さんが言ってたように、みんなの前では本音が言いにくい人がたくさんいるんだ
だからこそ！見えない力や上下関係が空気のように生まれてしまうんじゃないかな…
そうか、思い残しのないようにしっかりがんばれよ
カミュ、がんばってね
うん！
〝キャラ〟地球で初めて知った考え方だ
明日は最後の登校日
全てはっきりさせていいレポートをつくるぞ

第4章

「スクールカースト」はなぜ生まれる？

スクールカーストの正体は？

10月に、久しぶりに学校にきたボクは、クラスが変だと思いました
だれが言うかによって意見が通ったり通らなかったりするからです
クラスの中心にいる人とそうじゃない人がいて、なんだか上下関係があるように見えました
リオ
ユウカ
ヨウ
マイ
ヒナコ
リクヤ
モネ
アカリ
でも、それはそう決まっているわけではなくて、何か見えない力のようなのです
ゲンゾウ
ヒデキ
モモ
セレナ
ケイタ
ボクは、それについてみんなの素直な意見を聞きたいんです
タクミ
トモヤ
シュウゴ
ミクム
リキ
リリ
ヒカリ
シホ

先生も実は、最近同じことを考えていました
お別れ会にふさわしいかはわからないけど、せっかくカミュくんが言ってくれたんだからぜひやってみませんか？
ポン
そういう上下関係があるなら、この話し合い自体もうまくいかないんじゃ…
一人ひとりは自分の考えや思いを持っているし、このままでいいと思っていない人もたくさんいるはずです
ここで思ったことを言わなきゃ、ずっとこのままです！
そんな話がみんなでできたら、これからはみんなが意見を言いやすくなるかもしれませんね
でも、もしここで意見を言うことでこの後クラスで過ごしにくくなったら…
おたがいの気持ちをぶつけるだけなんだから、話し合いが終わったらノーサイド
敵も味方も無しってことにしようよ
ここはひとつ、おたがいを信らいしましょう！

それでは
クラス会議を
始めます
意見が
ある人…
ス…
ぼく、
〝イジられキャラ〟
になって、
最初は
友だちができて
うれしかったんだ
でも、
最近は何を言っても
バカにされてる気がして、
意見が言いにくい！
あれはただの
ツッコミで、
決してバカにしてる
とかじゃないんやで…
いや、
オレもトモヤと
同じ経験がある
オレが意見を
言った後、お前ら
目を合わせて
笑ってたこと
あったよな
えーっ
ひがいもう想って
やつじゃな〜い？
やっぱりちょっと
バカにしてる感じ
あったんじゃ
ないかな
ヒナコ、
お前もこっち側
だったろ？
ボソッ
そういう
言い方をするから、
みんなが意見
言いにくく
なるんじゃないの？

みんな、これは話し合いなのよ
ケンカじゃないんだから落ち着いて～
ガルルル
ス…
みんなから見たら、わたしもきっとバカにしてるグループの一人だよね
本当にそんなつもりはなかったんだけど、つらい思いをさせたんだったら、ごめんなさい
ヒカリ、謝ることないよ
ウチらはみんなで楽しく学校生活を送ろうとしてただけなんだからさ
それは、〝自分たちだけが〟ですよね？
その〝みんな〟にぼくたちは入っていますか？
うっ

あのさ、
もうこれ以上
責めなくて
いいんじゃない？
あなたたちって
ひがい者なの？
ユウカちゃん？
どういうこと？
キラキラして
目立ってる
人たちをうらやましかったり
ねたんだりする
気持ちは
ないのかってこと
おっ！
これは意外！
ユウカが
1軍の味方に
加わった〜！
だれの味方とか
くだらない
ふう〜
自分が
できないことを
している人たちに
しっとしてる
だけじゃない
ここぞとばかりに
みんなでこうげきして
いるようにしか
見えないってことよ
はぁ？
そんなこと
言うやつがいるから
こういう上下関係が
続くんじゃないのか？

あのぉ…
そういう上下関係が続いちゃうの、わたしのせいかも…
おず…
失礼だけど、1軍でもないリオさんのせいで上下関係が続くってどういうことかの？
だって、あこがれてたから…
わたし"陰キャ"だけど、クラスの中心でキラキラしてる人たちを見て、あんなふうになりたいなって思ってたから
下にいるわたしがそんなふうに思うから、上下関係がなくならないんじゃないかなって…
正直に言うとわたしもヒカリはかわいいし、リリはおしゃれだし
そんな人たちといっしょにいることで自分も同じように輝いている気分になって必死でしがみついてたかも…
ドキッ

3軍だったぼくは、他の人のことを気にしないやつらに腹が立ってた
でも、リキたちと仲良くなってからそんな気持ちは忘れて、いつの間にか他の人をバカにしてたかも
アイツへんだよなー
みんな気にしすぎやって
ヨウみたいにそんなの気にせず過ごしたらええやん
ボクは上下関係より虫のことで頭がいっぱいだから
アハハー
虫図かん
クラスメートのことは？
周りで困ってるクラスメートのことは気にならなかったの？それはいいことなのかしらねぇ～
あの、わたしは、これでいいって思っちゃってた
わたしは目立つわけでもないけど、バカにされるわけでもないから
でも…

前に一度、リキとミクムにバカにされて、ケイタがかくれて泣いていたのを見て見ぬふりしたことがある…
ごめんっ
ハ！ハハッ
いや、あれは目にゴミが入っただけ！
ボケ役はつっこまれてなんぼだから
ケイタ、今はキャラなんて気にせず正直に言おうよ
チッ
なんだ、結局それかよ
オレらを悪者にしたいんだろ？
イヤだったよ
でも、自分でそういうキャラ作ってるから、リキやミクムを責めるのもちがうと思ってさ…

意見、言っていい?
?
意見言うの初めてなんだけど
わたしはいつも人間関係の外にいて、そんな自分もよくなかったのかなって感じてる
外から見てると、リキとミクムのおかげで、クラスが明るくなってること結構あるんじゃないかなって
確かに…
運動会とか、そういう時のリキってたよりになるし
ナイスファイトー!
あとはオレに任せろ!!
うんうん
ミクムのツッコミで笑顔になったこと、みんなあるよね
わしらカエルか
そんなにとべんわ

わたし、自分が一番ずるい気がしてきた
クラスを盛り上げる1軍にも、バカにされる3軍にもならないように過ごしてる
わたし、意見とか言うの苦手だし、何言ってるかわかんなくて、きっとみんなイライラするよね
得意苦手はだれにでもあるし気にせんでええんちゃう
だから…そういう得意苦手で上下関係みたいになるのがおかしいって
なんていうか、暗いやつとか、空気読めないやつとか見て、バカにしてた気持ちは…
ちょっとあったかも
ごめん！
がばっ
わたしたちが一番空気読めてないってことだよね

その〝わたしたち〟っていうのを、やめなきゃいけないのかも
そうだよね、マイちゃん
〝オレたち〟とか〝ウチら〟とか聞くと、みんな同じじゃないはずなのにな、とは思うかな
みんな考え方も気持ちも、ちがう個人ということかのぉ
どうしてそんなに群れたがるのかしら？
不安なんだよ、ひとりになるのが
ユウカみたいにしっかりした〝自分〟がわたしにはないもの
自信がないから、グループを作っておたがいにたよる
そして自分たちより立場の弱い人たちを見つけて、自分たちの正しさを確認しようとする…
なるほどな
それがスクールカーストの正体か…

確認だけど、コミュニケーションや運動、勉強が得意な人が強くて、苦手な人が弱いっていうことじゃないよね？
うん、それはちがう！
人と比べなきゃ自分の存在を感じられない
それが弱さ
ってことだよね
ババババ
ごめん！
ぼく、自分の弱さをリキやミクムのせいにしてた
謝らんでええよ
オレも群れて他の人をイジってマウントとってたんやから
そんなことしてたオレも、結局弱いってことや
弱いのが悪いことかはわかんねえけど、少なくとも、人と比べてどっちが上とか下とか考えるのはやめてぇよな
クラス〝みんな〟で
そうだね、〝みんなで〟！

ドサドサ
!!?
メモ
み、みなさん…本当にありがとうございます
心のこもったクラス会議を見ていて一つの答えが見えてきました
メモ…!?
それは……
ガクッ
エネルギー切れ!?
おいカミュ、どうした
大丈夫？
後日
みなさん、カミュくんから、みんなにお手紙が届きました
みんな仲良しいいクラス
ザワ!!…

5年3組のみなさんへ

みなさん、この前はすてきなお別れ会をありがとうございました。
そして、最後にボクの望みをかなえてくれて、ありがとうございます。あんなに熱い議論を見ることができて、とてもうれしかったし、勉強になりました。
みなさんへのお礼の代わりに、ボクが考えたことをみなさんにもお知らせします。
みなさん、教室の前のけい示物を見てください。
そこには『みんな仲良しいいクラス』と書かれています。

きっとはじめはこの言葉どおり、みんな仲良くすることができていたのだと思います。

でも、成長するにつれて、それぞれ個性が豊かになり、考え方もしっかりしてきます。すると、得意・不得意やしゅみのちがいなどによって、自分と気の合う人も合わない人もいることがわかってきます。

気の合う人たちどうしがグループになり、明るくてコミュニケーションが上手なグループが、自然とクラスの中心になり、そうじゃない人たちとの間にかべが生まれます。

それが、上下関係につながっていくんじゃないでしょうか。

そうなったとき、考えないといけないポイントが1つあります。それは、自分と特に仲のいいクラスメート以外の人のことが、いつの間にか見えなくなっているんじゃないかということです。

もちろん、目には見えているけど、大切に思わなくなって、まるで景色のようになってしまう。時には、自分が楽しむためのおもちゃのようにあつかったり、自分がうまくいかないときに責任をおしつける相手にしてしまったりするのではないでしょうか。

つまり、人を雑にあつかうようになっているのです。

「キャラ」も同じことです。本当はいろんな面があるクラスメートを、単純なキャラに当てはめて大ざっぱにとらえ、楽に関わろうとする。

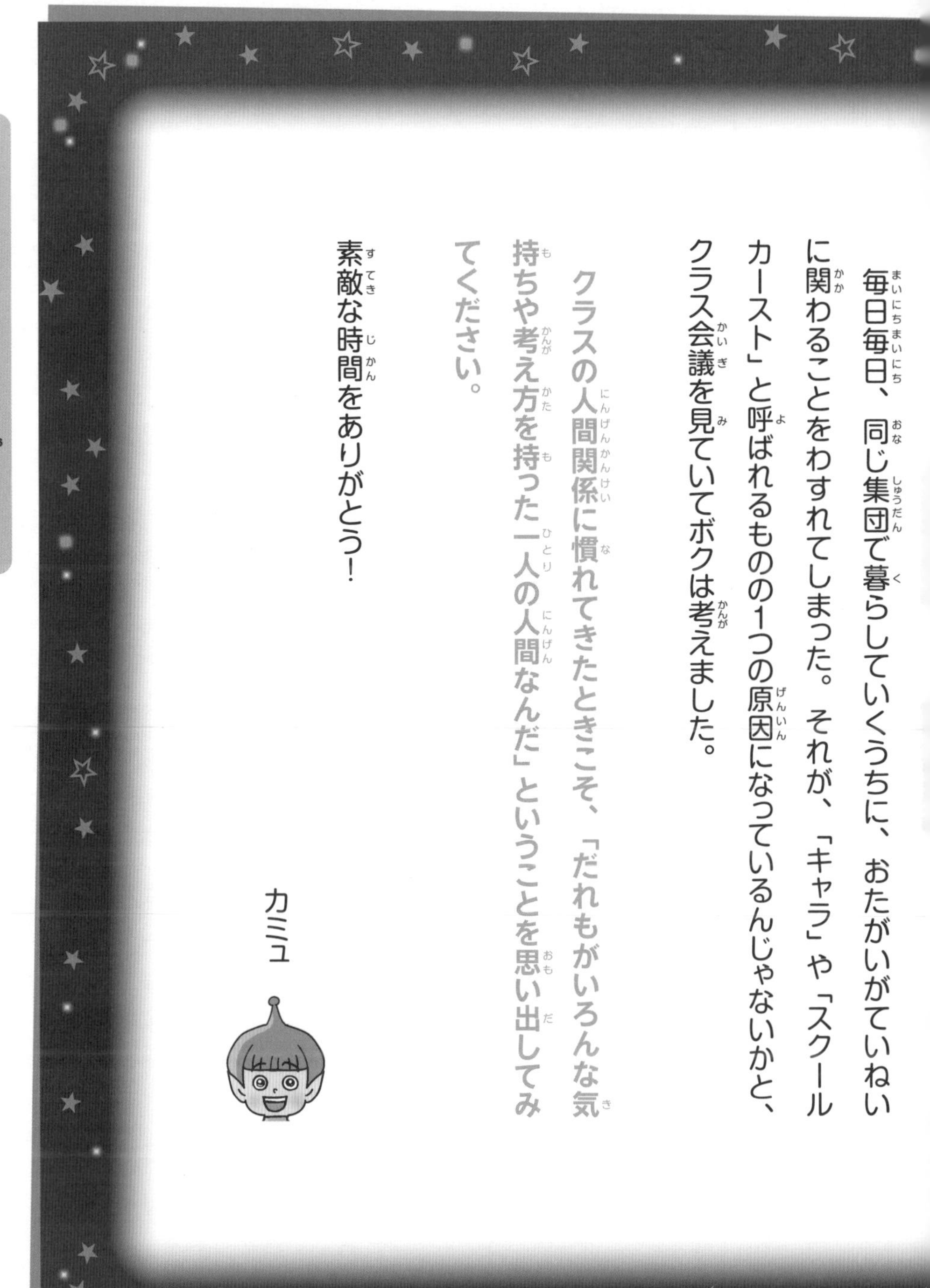

毎日毎日、同じ集団で暮らしていくうちに、おたがいがていねいに関わることをわすれてしまった。それが、「キャラ」や「スクールカースト」と呼ばれるものの1つの原因になっているんじゃないかと、クラス会議を見ていてボクは考えました。

クラスの人間関係に慣れてきたときこそ、「だれもがいろんな気持ちや考え方を持った一人の人間なんだ」ということを思い出してみてください。

素敵な時間をありがとう！

カミュ

エピローグ

人間関係でなやんでいるのはひとりじゃない！

あのレポート、とってもよくできてたわ
ねえお父さん
うむ、あれと同じことが地球の会社でもあったんだ
つまり、大人にも同じようなことが起きているってこと
えっ
そうなの？
大人のほうが伝え方が上手だったり、気持ちをかくすことに慣れていたりするから、あまり表には出ないが
心の中では同じようなことを思っている人がたくさんいたぞ
はあー
へえ、大人になっても大変なんだね
父さんも、レポートにまとめたから見せてやろう
ブン
ブン
やった！楽しみだな

実はお母さんたちも同じなのよ
同じ学校に子どもを通わせている"ママ友"って言われる人どうしでも、なやんでいる人がたくさんいたわ
うちの子の成績が気になる…
あの家は夏休みに海外に行くのね…
それに比べてうちは…
はー…
あの子のキャラクターのお弁当、すごい…
子どもに着せてる服が高そう…
あ〜あいそ笑いつかれる…
ボスママにきらわれたら大変…
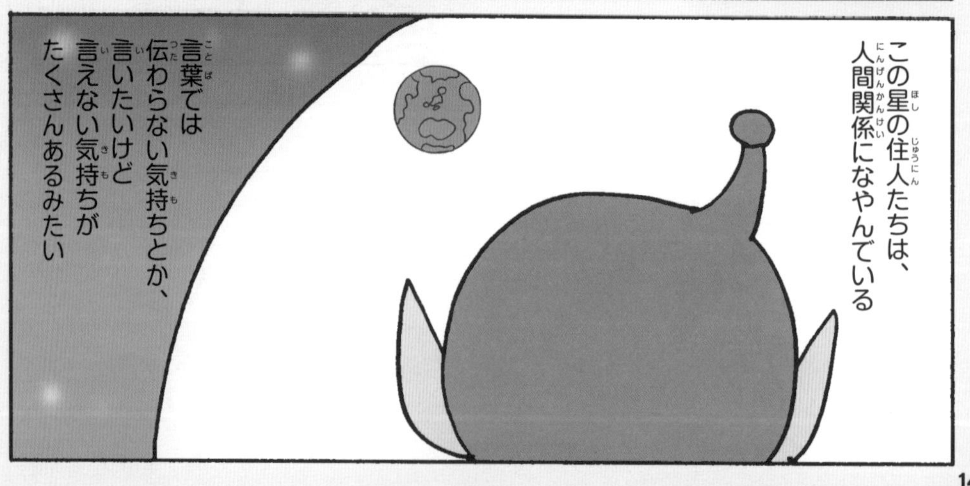
この星の住人たちは、人間関係になやんでいる
言葉では伝わらない気持ちとか、言いたいけど言えない気持ちがたくさんあるみたい

ボク、地球に行って、コメカミ小に通って、とてもいい勉強になったよ
ありがとう！
さあ次の星が見えてきたぞ
次は火星ね
楽しみだな次の調査
おしまい

おわりに（おうちのかたへ）

人間関係について一歩引いて考える姿勢を

皆さんは「人間」という言葉に違和感を抱いたことはありませんか？「人」で通じるのに、わざわざ「間」という言葉が入っています。私は、この「間」という部分に、とりわけ日本特有の人の在り方が表現されているような気がします。人は決して個人で存在しているのではなく、人と人の間、つまり人間関係の中に存在するということです。もちろん、良くも悪くもです。

学校のように固定された集団で長い時間を過ごさなければいけないよう

な場面では、人間関係が複雑化しがちで、学年が上がるほど人間関係に悩む子も増えてきます。その悩みは、その集団の中にある特有なものなので、その集団の外の人がいくら熱心にアドバイスを送ろうとしても「どうせあなたにはわからない」となってしまうのです。

そんな子どもたちを見ていると、悩みの種となっている人間関係について、その集団にいながらも自ら少し客観的に考えてみることが大切なのではないかと感じます。

本書に登場する宇宙人と一緒に、架空の集団の人間関係について考えてみることで、自分と周りの関係を一歩引いてとらえる態度が身についてくれたらいいな、という思いで本書をつくりました。

東京学芸大学附属世田谷小学校教諭　木村翔太

監修・アイデア　木村翔太

東京学芸大学附属世田谷小学校教諭

東京学芸大学大学院 教育学研究科修了。体育、英語を中心に全教科の授業を行いながら、「当たり前を問う面白さ」を学ぶ「てつがくラボ」の選択授業を担当。「正しさより面白さ」を教育の現場で実践する。東京学芸大こども未来研究所学術フェローを兼務。自治体主催の子育て講座などの講師も務める。

スタッフ

イラスト・マンガ／ふじいまさこ
AD／大薮胤美（フレーズ）
装丁／五味朋代（フレーズ）
本文デザイン／仲村祐香（フレーズ）
編集／米原晶子
構成・文／上村ひとみ

小学生が身につけたい！ 考えるチカラ
キャラで決まる？ 学校の人間関係

発行人　西村俊彦
編集人　田上恵一
編集長　内海恵美香
販売　入内島亘、松岡亜希
制作　吉田大輔
校閲　山本美智子
DTP　東京カラーフォト・プロセス株式会社
印刷・製本　共同印刷株式会社

2024年3月30日　初版第1刷発行
発行：株式会社ベネッセコーポレーション
〒206-8686 東京都多摩市落合1-34

【お問い合わせ】
サンキュ！ホットライン　TEL 0120-88-5039（通話料無料）
受付時間：土・日・祝日・年末年始を除く、10:00～12:00／13:00～17:00

【販売に関するお問い合わせ】
TEL 0120-050-535（受注センター）土・日・祝日・年末年始を除く